LA

QUESTION DU TONNAGE

NOTE

SUR

LA NOUVELLE BASE DE PERCEPTION DES DROITS

DU

CANAL DE SUEZ

LA
QUESTION DU TONNAGE

NOTE

SUR

LA NOUVELLE BASE DE PERCEPTION DES DROITS

DU

CANAL DE SUEZ

PAR

M. MOURETTE

Administrateur de la Compagnie du Canal de Suez.

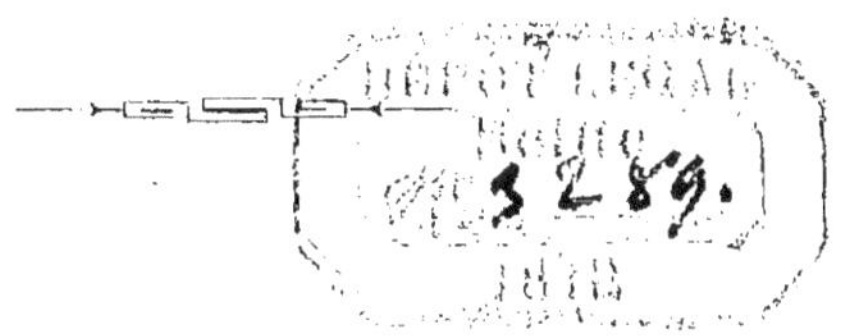

PARIS

IMPRIMERIE TYPOGRAPHIQUE DE A. POUGIN

13, QUAI VOLTAIRE, 13

—

1872

LA

QUESTION DU TONNAGE

Depuis quelques mois, les actionnaires du Canal maritime de Suez se sont vivement préoccupés de la question du tonnage ou, pour parler plus clairement, de la base sur laquelle devait être perçu le droit de navigation pour les navires transitant par le canal.

Désireux d'éclairer la question pour les personnes de bonne foi qui n'ont pas de parti pris, je crois devoir livrer à la publicité les notes suivantes, qui ne sont que le résultat très-condensé des recherches que j'ai faites pour fixer mon opinion personnelle.

]

L'émotion qui se produit aujourd'hui, entretenue avec soin dans un but que je ne veux pas examiner, a pour mot d'ordre *le mètre cube* comme interprétation du terme *tonneau de capacité des navires*, employé dans l'acte de concession.

Cette interprétation aurait pour conséquence d'établir la taxe sur un nombre de tonneaux de mer à peu près triple de celui que les bâtiments peuvent transporter. Elle est contraire à l'équité, contraire à tous les usages commerciaux, contraire à la loi française qu'on invoque; voilà pourquoi le Conseil d'administration ne l'a pas adoptée.

J'ai dit : contraire à l'équité.

Le Président-fondateur, qui a participé à la rédaction de l'acte de concession dans lequel la Compagnie puise tous ses droits, a déclaré qu'en spécifiant que la taxe serait perçue par *tonneau de capacité* des navires, il a toujours compris que chaque navire serait imposé sur le nombre de tonneaux qu'il était *capable* de transporter. Il a déclaré que l'expression : tonneau de capacité, n'a été employée que pour réserver le droit de taxe sur la *totalité du chargement possible* des navires vides ou pleins; il semble bien difficile de prétendre *équitablement* à une interprétation plus large.

J'ai dit : contraire à tous les usages commerciaux.

En effet, en France comme dans tous les pays, les droits établis sur la coque des navires : droits de port, d'ancrage, de remorquage, de phare, etc., sont payés à raison du tonnage, c'est-à-dire à raison du nombre de tonneaux de marchandises que le navire est supposé capable de transporter.

J'ai dit aussi : contraire à la loi française, et je citerai ici, comme preuve à l'appui, le décret du 28 messidor an XIII, invoqué souvent par les partisans du mètre cube; je les soupçonne fort de ne l'avoir jamais lu.

Ce décret relatif au mode de perception des droits dans le bassin de l'Escaut et de l'Aa, définit très-nettement la base sur laquelle devront être perçus les droits de navigation :

« TITRE III. — Le jaugeage sera calculé en tonneaux de mer de 1,000 kilogrammes.

« TITRE IV. — Le droit de navigtion sera perçu à raison *du chargement possible* ou *capacité réelle en tonneaux de mer.* »

Le texte est aussi formel que possible; la capacité réelle d'un navire, au point de vue de la perception des droits de navigation, c'est le *chargement possible en tonneaux de mer de 1,000 kilogrammes.*

Voyons donc quel est le *chargement possible* d'un navire en tonneaux de mer de 1,000 kilogrammes.

Sur cette question, les constructeurs ne sont pas tous d'accord, et trois opinions principales sont en présence. Suivant les uns, cette charge est égale au poids de l'eau qui remplirait les 0,40 de la capacité totale; suivant d'autres, les 0,50; suivant d'autres encore, les 0,33 (1). Écartons cette dernière

____

(1) *Dictionnaire universel théorique et pratique du Commerce et de la Navigation*, t. II, p. 236.

« Les constructeurs ne sont pas d'accord sur la charge que peut porter un navire : suivant les uns, elle peut être les deux cinquièmes de l'eau qui remplirait la capacité du navire, suivant d'autres la moitié, suivant d'autres encore le tiers. »

opinion, qui paraît par trop prudente, et prenons la moyenne — 0,45 — des deux chiffres les plus généralement acceptés, 0,50 et 0,40; alors la charge possible d'un navire serait représentée par le poids de l'eau qui remplirait les 0,45 de la capacité totale.

Or, chaque mètre cube d'eau représentant 1,000 kilogrammes ou 1 tonneau de mer, il en résulte que le chargement possible d'un navire en tonneaux de mer de 1,000 kilogrammes ou *sa capacité réelle imposable*, d'après la loi, est représentée par les 0,45 de la capacité totale exprimée en mètres cubes et non par la capacité totale comme le prétendent certains actionnaires.

Le volume total exprimé en mètres cubes et multiplié par 0,45 donne le chargement possible des navires, y compris le poids de la machine et du combustible pour les steamers. Les usages commerciaux et les lois de tous les pays admettant une déduction pour ces objets, le Conseil a cru convenable de se conformer à cet usage, mais en le restreignant dans de justes limites. En France, la loi accorde, pour les machines, une réduction uniforme de 40 0[0 sur le tonnage, en Angleterre, c'est tantôt 32 ou 37 0[0, quelquefois plus. Le Conseil a pensé qu'une réduction d'environ 20 0[0 égale pour tous était juste et en harmonie avec l'état actuel de la science des constructions navales; il a admis cette réduction tout en réservant les droits de l'avenir pour le cas où cette proportion pourrait être diminuée. Le coefficient 0,45 réduit de 20 0[0, ou ramené à 0,36 représente donc le nombre par lequel on doit multiplier le volume total exprimé en mètres cubes pour arriver au tonnage imposable ou au nombre de tonneaux de 1,000 kilog. de marchandises qu'un navire est capable de transporter.

C'est ici le cas de faire remarquer que le nombre des tonneaux de mer de 1,000 kilog. que le navire peut transporter étant représenté par les 36[100 de son volume total en mètres cubes, nous avions raison de dire, au début, que le système *du mètre cube* sur la capacité totale conduirait à imposer à peu près trois fois ce que peut réellement transporter un navire.

Parvenu à la conclusion théorique, il s'agissait de passer à l'application pratique, et c'est alors que le Conseil a été amené à examiner les différentes méthodes de jauge.

La méthode française, analogue à celles déjà abandonnées par plusieurs autres pays, est aussi simple que peu exacte : elle consiste à mesurer la longueur du pont, sa plus grande largeur et la profondeur de la cale; ces trois dimensions, multipliées l'une par l'autre, donnent un certain nombre de mètres cubes; on divise ce nombre par 3,80, ce qui revient à en prendre les 0,26 et c'est ce résultat, auquel on n'ajoute rien pour tous les espaces clos, dunettes, roofs, etc., situés sur le pont, qui est considéré comme le tonnage brut du navire : sur ce tonnage, on déduit 40 0[0 pour tous les navires à vapeur, de sorte que le tonnage net ne représente plus que les 0,16 du nombre de mètres cubes obtenu par le produit des trois dimensions prises. Voilà la méthode française que la Compagnie n'a pas voulu adopter et que la France elle-même est sur le point d'abandonner pour la méthode anglaise, beaucoup plus rationnelle, et à laquelle se sont ralliées plusieurs nations maritimes : l'Autriche, la Turquie, la Hollande, le Danemark, etc.

La méthode de jauge anglaise consiste à mesurer directement et aussi exactement que possible tout l'espace compris sous le pont de jauge (1). A ce volume, on ajoute celui de tous les espaces clos situés au-dessus du pont, et, suivant que les mesures ont été prises en pieds anglais ou en mètres, on divise par 100 ou par 2,83; le résultat donne le tonnage brut sur lequel on fait ensuite des réductions variables suivant l'importance de la machine pour arriver au tonnage net sur lequel la Compagnie perçoit actuellement ses droits.

---

(1) Les règles à suivre pour procéder à ce mesurage sont longuement détaillées dans le *Merchant Shipping act* (Loi sur la marine marchande).

Remarquons que diviser le volume total en mètres cubes par 2,83, c'est la même chose que de le multiplier par $\frac{1}{2.83}$ ou 0,353; donc, le tonnage *brut anglais*, ou « gross tonnage, » représente les 0,353 du volume total du navire exprimé en mètres cubes. Or, nous avons établi théoriquement que le chargement possible d'un navire ou son tonnage imposable, déduction faite du poids de la machine et du combustible, était d'environ les 0,360 du volume total exprimé en mètres cubes. C'était donc une bonne fortune pour la Compagnie de Suez de rencontrer dans le tonnage brut anglais, qui est établi d'après une méthode de mesurage rationnelle, connue et adoptée déjà par la plupart des nations maritimes, une expression aussi exacte du chargement réel possible des navires à vapeur. Voilà pourquoi le Conseil a pris le tonnage brut anglais établi d'après le mode actuel pour base de la perception.

Il est important de faire remarquer ici que le Conseil n'a pas adopté la tonne anglaise et n'a pas subordonné, comme on s'est plu à le dire dans un mauvais esprit, les recettes de la Compagnie au caprice des gouvernements étrangers.

Le Conseil a adopté le tonnage brut anglais, parce que ce tonnage, tel qu'il est établi par les règles publiées dans le « Merchant Shipping Act » (Loi sur la marine marchande), représente aussi exactement qu'on peut le désirer les 0,36 du volume total exprimé en mètres cubes, et que le Conseil considère que cette fraction du volume total représente aujourd'hui exactement le chargement possible des navires à vapeur en tonnes de 1,000 kilog.

On objectera peut-être qu'il n'a pas été fait de réserve pour les bateaux à voiles qui devraient être, d'après la théorie ci-dessus, imposés sur les 0,45 du volume total. La question a été examinée par le Conseil ; mais il a jugé que l'expérience des deux années écoulées était concluante; il est à peu près certain, maintenant, que la marine à voile a fait son temps, que les voiliers ne passeront jamais par le canal que dans une proportion sans importance, et que, dans le cas même où la faveur de 20 0/0 qui leur est faite les attirerait dans le canal, ce serait encore une bonne affaire pour la Compagnie.

Ces considérations, corroborées par beaucoup d'autres, et notamment par les travaux de la commission d'enquête, — lesquels, par une voie toute différente, conduisent au même résultat, — ont été longuement pesées et discutées par le Conseil, et l'ont conduit à prendre la décision du 4 mars, si injustement et si violemment critiquée à tous les points de vue. Comme on a même été jusqu'à contester le droit qu'avait le Conseil de prendre cette décision, je pense qu'il n'est pas inutile, en terminant, de présenter quelques observations sur ce sujet.

II

Les articles 14 et 17 de l'acte de concession qui établissent les droits de la Compagnie sur ce point sont ainsi conçus :

« Art. — 14. Nous déclarons solennellement, pour nous et nos successeurs, sous la réserve de la ratification par S. M. I. le Sultan, le grand canal maritime de Suez à Péluse et les ports en dépendant, ouverts à toujours, comme passages neutres, à tout navire de commerce traversant d'une mer à l'autre, sans aucune distinction, exclusion ni préférence des personnes ou de nationalités, *moyennant le payement des droits et l'exécution des règlements établis par la Compagnie universelle concessionnaire pour l'usage dudit canal et dépendances.*

« Art. 17. — Pour indemniser la Compagnie des dépenses de construction, d'entretien et d'exploitation qui sont mises à sa charge par les présentes, nous l'autorisons, dès à présent, et pendant toute la durée de sa jouissance, telle qu'elle est déterminée par les §§ 1er et 4 de l'article précédent, à établir et percevoir, pour le passage dans les canaux et les ports en dépendant, des droits de navigation, de pilotage, de remorquage, de halage ou de stationnement, suivant des tarifs qu'elle pourra modifier à toute époque sous la condition expresse :

« 1° De percevoir ces droits, sans aucune exception ni faveur, sur tous les navires dans des conditions identiques;

« 2° De publier les tarifs, trois mois avant la mise en vigueur, dans les capitales et les principaux ports de commerce des pays intéressés ;

« 3° De ne pas excéder, pour le droit spécial de navigation, le chiffre maximum de dix francs *par tonneau de capacité des navires* et par tête de passager.

Au sujet de l'article 17, un groupe d'actionnaires a élevé la prétention que l'assemblée générale était souveraine et qu'à elle seule appartenait le droit d'interpréter l'acte de concession et *de fixer* la base des tarifs. A cette prétention, on a répondu, avec beaucoup de raison, que l'assemblée était souveraine; en effet, mais seulement pour résoudre les questions qui lui sont attribuées par les statuts, loi commune et obligatoire pour tous les porteurs d'actions.

Or, l'article 34 des statuts dit :

« Le Conseil d'administration est investi des pouvoirs les plus étendus pour l'administration des affaires de la Société.

« Il arrête les propositions à soumettre à l'assemblée générale en vertu de l'article 56 ci-après.

« *Il statue* sur les propositions du Comité de direction, sur les objets suivants :

« 1° . . . .

« 2° . . . .

« 7° *Fixation* et modification des droits de toute nature à percevoir en vertu de l'acte de concession : conditions et mode de perception des tarifs. »

Le texte est formel : le Conseil *statue* sur la *fixation* des droits à percevoir en vertu de l'acte de concession.

Voyons maintenant l'article 56 ; il est dit au § 2 :

« L'approbation de l'assemblée générale est nécessaire pour toute décision statuant sur les objets ci-après, savoir :

« 1° Concessions nouvelles ;

« 2° Fusion avec d'autres entreprises ;

« 3° Modifications aux statuts de la Société ;

« 3° Dissolution de la Société ;

« 5° Augmentation du capital social ;

« 6° Emprunts ;

« 7° Règlement des comptes de l'établissement en fin d'exécution des travaux ;

« 8° Règlement des comptes annuels ;

« 9° Fixation de la retenue pour le fonds de réserve ;

« 10° Fixation du dividende à diviser annuellement aux actionnaires. »

Rien, absolument rien qui ait rapport à la fixation des péages. Le droit du Conseil établi par l'article 34, § 7, est donc absolu, impératif. Aussi, le Conseil a pensé que non-seulement il ne devait pas, mais qu'il ne pouvait même pas se soustraire à l'obligation qui lui était imposée si formellement sous peine de faire prendre à l'assemblée une décision contraire aux statuts et, par suite, nulle et sans valeur vis-à-vis des actionnaires absents ou dissidents (art. 58). (1) Pour

---

(1) Art. 58. Les délibérations de l'assemblée générale, *prises conformément aux statuts*, obligent tous les actionnaires, même ceux qui sont absents ou dissidents.

tous ces motifs, après avoir fait procéder à une enquête publique et prolongée, après s'être entouré des lumières d'hommes considérables par leur science et leur expérience, après avoir mûrement étudié et discuté la question, le Conseil n'a pas hésité à prendre la décision qui a été communiquée à l'assemblée générale et publiée ensuite dans le monde entier.

Du reste, ce mode de procéder avait déjà été suivi en 1869, lors de l'ouverture du canal, et il n'était venu à l'idée de personne de contester le droit du Conseil, si clairement défini par les statuts.

———

III

En résumé, le Conseil se trouvait en présence d'une question grave pour l'avenir et la prospérité de l'entreprise. Il a accepté l'obligation, qui lui était imposée par les statuts, de la résoudre; mais il l'a fait après une étude approfondie, après s'être entouré des lumières de la science et du droit.

La décision à prendre devait imposer de nouvelles charges au commerce du monde; il était donc de la plus haute importance que cette décision fût conforme au droit, à l'équité, aux usages commerciaux; c'était le seul et vrai moyen de la faire accepter sans opposition sérieuse, sans arrêter le développement *rapide* du transit, sans compromettre enfin les intérêts des actionnaires qui sont aussi ceux du Conseil.

Je sais bien que la malveillance a plusieurs fois cherché à insinuer que le Conseil avait peut-être ou semblait avoir un intérêt différent de celui des actionnaires. Cette théorie est tellement absurde qu'on n'a jamais osé l'appuyer du moindre

argument, et je ne vois pas qu'elle puisse avoir d'autre base
que le fameux précepte de don Basile : « Calomniez, calom-
« niez, il en reste toujours quelque chose. » Non, le Conseil
n'a pas et ne peut pas avoir d'autre intérêt que celui des actionnaires ; il n'a qu'un intérêt, qu'un désir ardent, c'est la
réussite de l'entreprise, réussite qui lui sera aussi profitable
qu'aux autres actionnaires.

Le Conseil évite de se laisser aller aux entraînements irré-
fléchis, il cherche par une administration sage, honnête et
prudente, à assurer définitivement, dans l'intérêt de tous, le
magnifique avenir de l'entreprise qui lui est confiée.

R. MOURETTE.

3217. — Paris. Typ. A. Pougin, 13, quai Voltaire.